FARBEN

MEINER

GEFÜHLSWELT

Wundertütenpoet

VON

TINA HÜSCH

DIE MÖGLICHKEITEN
VON POESIE UND INTUITION

Bibliografische Information der Deutschen Nationalbibliothek: Die Deutsche Nationalbibliothek verzeichnet diese Publikation in der Deutschen Nationalbibliografie; detaillierte bibliografische Daten sind im Internet über dnb.dnb.de abrufbar.

ISBN: 9783744873598

Herstellung und Verlag: BoD – Books on Demand, Norderstedt

ABOUT ME

Wenn alles in mir schläft, so ist doch meine Kreativität noch wach und spielt mit den Gefühlen, sie ist wie ein Feuer, das immer weiter brennt. So entsteht ein Regenbogen der Abenteuer und Überraschungen in mir, der stets alles in Bewegung hält.

Dadurch bin ich alles andere als perfekt, doch dafür bin ich echt, mit all meinen Fehlern und mit all meinem Glück. Deshalb lebt meine Seele ihr Leben mit Leidenschaft und schafft es immer wieder, den Glauben an sich selbst zu behalten.

Meine Verrücktheit hat ihre eigene Einzigartigkeit der Emotionen, und ich liebe es, bei einem Kaffeeklatsch dem Stammtisch meiner inneren Kinder zuzuhören, wenn sie mit großer Albernheit die nächsten Herausforderungen meines Lebens planen.

Komm mit und erlebe die Schönheit Deiner ganzen Emotionen.

TINA

FÜR

MEINER GEFÜHLE

ABENTEUER ...

Für alle,

die ihre Emotionen leben

und fühlen in all ihrer Vielfalt und Intensität.

Für Dich,

weil Du die Tür in den Raum

Deines Seelenlebens aufgestoßen hast

und weißt,

dass aus Deinen Gefühlen

Dein zukünftiges Leben entsteht!

INHALT

EINBLICK, EINSICHT, ERKENNTNIS ...

Ganz egal, wo wir sind oder wohin wir gehen, immer haben wir uns selbst dabei und mit an Bord sind all unsere Gefühle. Wir können im Leben vor vielen Dingen weglaufen, doch wir werden es nie schaffen, vor unseren eigenen Gefühlen wegzulaufen, denn diese sind unsere ständigen Begleiter.
Sie sind wichtig, da sie uns helfen, die Welt um uns herum zu verstehen und unsere Erfahrungen zu interpretieren.
Sie geben uns die Fähigkeit, auf bestimmte Situationen zu reagieren und uns anzupassen.

Erst durch Gefühle bekommt unser Leben seine Farbe und Richtung.
So machen uns angenehme Emotionen nicht nur zufrieden und glücklicher, sondern sind auch wesentlicher Bestandteil für Intelligenz, soziale Bindung und der Kreativität.
Wir brauchen unsere Gefühle, damit wir überhaupt im Stande sind, Beziehungen zu anderen Lebewesen aufzubauen und diese zu pflegen, nur so können wir uns mit allem um uns herum verbinden.

Genauso wichtig sind unsere Emotionen aber auch für unsere geistige und körperliche Gesundheit, da sie uns helfen, ein Wohlbefinden in uns herzustellen, und uns vor Angst, Stress und Traurigkeit schützen sollen.

Je mehr positive Gefühle wie Liebe, Freude, Zuversicht, Glück und Harmonie in unserem Leben existieren, umso höher ist unser eigener Selbstwert, durch den wir uns wohlfühlen. Auch Dankbarkeit als Gefühl trägt ganz entscheidend dazu bei, unser Leben positiver zu gestalten.

Negative Gefühle hingegen bewirken das Gegenteil. Deshalb ist es auch so wichtig, diese Gefühle zu erkennen und zu benennen, um so die Möglichkeiten zu besitzen, sich seine eigenen negativen Gefühle anzuschauen und zu ermitteln, wo sie herkommen, um sie abschalten oder mit positiven Gefühlen überschreiben zu können!

Von unserer ersten Stunde an prägen Gefühle und Emotionen unser Leben. Alles, was wir im Negativen erleben, fördert unsere Angst, macht uns Stress oder lässt Trauerprägungen im Gehirn entstehen.

Alles dagegen, was mit positiven Emotionen besetzt ist, lässt uns glücklicher werden und das Wohlfühlgefühl einsetzen. Je mehr positive Gefühle man täglich schafft in sich selbst zu erzeugen, desto mehr kann man an Ängsten und Stress abbauen, den Stoffwechsel durch Glückshormone ankurbeln und dadurch das Selbstbewusstsein dauerhaft stärken.

Denn immer dort, wo ein negatives Gefühl in uns lebt, nimmt es einem positiven Gefühl die Möglichkeit, sich mit Fröhlichkeit in unserem Leben auszuwirken.

Gefühle sind ein wesentlicher Bestandteil unseres Lebens, der uns helfen will, uns in der Welt zurechtzufinden, damit wir uns optimal entwickeln können!

Oft glaubt unser Verstand zu wissen, was für uns im Leben gut wäre, doch leider ist dem nicht immer so, und wenn man ausschließlich nach seinem Verstand lebt, wird man schnell merken, dass man unglücklich wird, denn es fehlen der Seele wichtige Informationen, die auf einer ganz anderen Ebene zu suchen sind als der Verstandesebene.

Denn der Verstand gaukelt uns im Leben häufig etwas vor, weil er versucht, die Ebene der Gefühle und die der Vernunft auszublenden. Man braucht aber alle drei Ebenen, nur so ist man fähig, Entscheidungen zu treffen, die das eigene Ich auf Dauer glücklich machen können.

Es ist sogar so, dass Gefühle Entscheidungen im Grunde erleichtern. Wer von uns kennt nicht einen dieser Sätze:

Hör auf Dein Bauchgefühl!
Vertrau Deiner Intuition!
Hör auf Dein Herz!

Unterdrückt man dauerhaft seine eigenen Gefühle, dann werden sie sich einen anderen Weg suchen, um an die Oberfläche zu gelangen. Das kann sich in Krankheiten und schlimmstenfalls in einer Depression zeigen.

Auch helfen uns Gefühle bei unseren Lernaufgaben im Leben, denn nur über ein Gefühl können sich letztendlich die Erfahrungen im Geist verankern.

Bei allen Situationen im Leben, an die man sich sehr gut erinnern kann, waren immer eine Menge Gefühle im Spiel.

Zuerst ist nämlich ALLES in unserer Existenz immer ein Gefühl, aus diesem Gefühl entwickeln sich unsere Gedanken, aus unseren Gedanken entstehen unsere Taten und die Summe unserer Taten macht unser Leben aus.

So sind Gefühle immer der Anfang von allem, und wir sollten uns bewusst werden, dass je positiver und schöner unsere Gefühle in uns sind, umso positiver wird sich unser Leben auch im Gesamten gestalten.

Die Emotionen in uns sind wie ein Meer voller Wellen, die sich heben und wieder fallen, alles ist in Bewegung, und auch wenn der Ozean in uns nahezu ruhig erscheint, so ist er doch niemals ganz still.

Unsere Gefühle stellen eine Informationsquelle für uns dar, sie unterrichten uns über unsere Bedürfnisse und Wünsche und beeinflussen dadurch unser Verhalten und unsere Entscheidungen. Sie spielen eine wichtige Rolle im Gefüge unseres sozialen Lebens und tragen zur Entstehung unserer emotionalen Intelligenz bei.

Denn ein emotionales Verstehen in uns gleicht einem Meisterwerk. Es leitet und trägt uns und macht uns empfänglich für die Gefühle unseres Gegenübers.

Emotionale Intelligenz ist eine Gabe und ein Schatz zugleich, der uns wie ein Kompass hilft, uns in den Meeren von Gefühlen zurechtzufinden. Dadurch entsteht Weisheit, Mitgefühl und Klarheit in uns und wir sind in der Lage, für uns inneren Frieden zu finden und uns ein Stück weit von jedem Unheil zu befreien. Doch diese Art der Intelligenz ist kein einfaches Geschenk, das jedem Menschen zuteilwird. Sie erfordert tägliches Üben, ein Sich-den-Situationen-Stellen und offen zu sein für die Dinge, die geschehen. Durch ihre Anwesenheit können wir die Schönheit unserer Gefühle und der Emotionen anderer Menschen erforschen.

So lernen wir immer mehr, uns selbst und die anderen so zu akzeptieren, wie wir bzw. sie sind.

Wir können jeden Augenblick glücklich leben, ohne zu verzweifeln. Von daher ist es so wichtig, sich den Gefühlen zu öffnen.

Unsere Empfindungen sind kleine Wunder in uns. Ein Duft von Vergangenheit und Zukunft zugleich. Sie sind das Lebenselixier, das durch unsere Adern fließt und uns die Welt mit anderen Augen sehen lässt.

So dass unser Leben ein Kaleidoskop aus Emotionen und Erfahrungen wird und wir dadurch letztendlich erkennen können, wer wir wirklich sind!

Denn all unsere Empfindungen sind die Sprache unserer Seele, ein jedes Gefühl ein Buchstabe.

Aus diesem Grund lasst uns achtsam sein mit unseren Gefühlen, lasst sie uns pflegen und schätzen als wären sie unendlich kostbar.

Nur so können wir besser lernen sie zu verstehen, ihnen zu vertrauen und sie zu nutzen, um jeden Augenblick im Leben glücklich sein zu können.

Dies alles geht am besten mit ganz viel **Harmonie.**

H – umor
A – uthentizität
R – esonanz
M – agie
O – riginalität
N – avigation
I – ntuition
E – motionen

Etwas sehr Wichtiges im Leben ist **Humor.**
Mit ihm sollte man versuchen, der eigenen **Authentizität** jeden Tag ein Stück näherzukommen, damit man mit der Seele in **Resonanz** geht, dadurch entsteht die **Magie** des Lebens und die **Originalität** des Individuums wird geboren. Wenn man so die eigene **Navigation** auf die **Intuition** des Herzens einstellt, können die **Emotionen** fließen.

Lerne Deine Emotionen fließen zu lassen, damit Du in Deinem Leben selbst glücklich bei Dir ankommen kannst.
Denn im Außen wird Dir immer nur so viel Glück begegnen, wie in Deinem Inneren bereits existiert.

ORT DES GLÜCKS

Angekommen, endlich daheim,
mit meiner Seele rein.
Hab ihn gefunden, den Ort des Glücks.
Teil eines großen Stücks von endloser Zufriedenheit,
die stets zu lachen ist bereit.
Gemacht aus den Gefühlen, die in mir wohnen,
eingeteilt in kleine Zonen,
hab ich gelernt, was es heißt, glücklich zu sein,
in sich daheim,
mit Freude im Herzen und Harmonie im Bauch
kenn ich nun den Lebenshauch.
Kann durch mein eigenes Labyrinth gehen,
all meine Verrücktheiten verstehen
und immer wieder neue Herausforderungen sehen.
So hab ich erlernt, meine Gefühle ins Positive zu drehen.

Wenn man einmal erkannt hat, dass durch positive Gefühle alle Schönheit im Leben entsteht, wird man versuchen, der Negativität in Zukunft keinen Platz mehr zu lassen, denn wer möchte nicht mit Glückseligkeit im Herzen und Zufriedenheit im Bauch das Leben genießen können.

SUCH IN DIR DAS GLÜCK, DANN WIRST DU FINDEN EIN GROSSES STÜCK!

MACH ES ZU DEINEM LEBENSZIEL, DANN WIRD DIR NIEMALS ETWAS ZU VIEL.

LASS DIE SCHÖNHEIT DEINER GEFÜHLE RAUS, DANN SCHENKT DEIN LEBEN DIR APPLAUS!

ERSTER STREICH ...

Die **Erfindung der Gefühle** gleicht **Hummeln im Herzen**.

Sie sorgen ständig für ein **Wunder der Überraschung**, damit ich **Wunschlos** die **Freude als Gewinn** in meinem **Lebensspiel** spüren kann.

Sol lebt mein **Siebter Sinn** mit **Sehnsucht** und **Seelentreue** in meinem Geist und fragt die **Intuition in mir: Was bin ich?**
Wenn mir wieder einmal die **Geduld** fehlt.

ERFINDUNG DER GEFÜHLE

Wenn das Glück nicht in dir wohnt,
kannst du es im Außen auch nicht finden.
So liebe alles in dir drin,
denn von da kommt deines Lebens Sinn.
Das Gefühl, das in dir lebt,
in der Realität die Wunder sät.
So wird die Zukunft dir das bringen,
was deine Gefühle heute erfinden.

HUMMELN IM HERZEN

Ich hab Hummeln im Herzen und einen Purzelbaum im Sinn,
so bin ich in meinen Gefühlen mittendrin.
Such in mir tief nach allem Schönen,
möcht mich mit meinen Monstern versöhnen
und mein Sein mit einem Lachen krönen.
Dadurch laufen meine Stunden
und fliegen die Sekunden in Richtung Unendlichkeit,
denn das Ende aller Gefühle ist noch weit.

WUNDER DER
ÜBERRASCHUNG

Überraschungen sind immer da,
sie sind uns auch unendlich nah,
doch wir nehmen sie erst wahr,
wenn wir sie am wenigsten erwarten,
denn so wird sie niemals jemand verraten
und auf ihr zauberhaftes Geheimnis kommen,
dass sie aus kleinen Wundern sind gemacht
und wir nur darauf warten müssen, bis wieder eines erwacht.

WUNSCHLOS

Wunschlos zu sein, ist loslassen können
und sich von allem Unfrieden trennen.
Wunschlos ist der blaue Himmel ohne Wolken,
ein Akzeptieren von hier und jetzt,
das uns auf Wolke sieben versetzt.
Wunschlos ist die Freiheit, ich selbst zu sein
und das Leben zu genießen,
so dass alle positiven Gefühle fließen.
Wunschlos zu sein, ist ohne Sorgen
mit Freude warten auf das Morgen.

FREUDE ALS GEWINN

Strahlen in den Augen,
die Gewissheit des Herzens, nichts anderes zu brauchen.
Ein Lachen im Sinn
und die Freude als Gewinn
werden mir die Fröhlichkeit geben
für ein glückliches Leben.

LEBENSSPIEL

Ich betreibe gerne dieses Spiel,
es ist meines Lebens Ziel.
Ich fühl mich gerne in dich rein,
so kann ich ganz nah bei dir sein.
In dir drinnen spazieren,
mich in deinem Herzen verlieren.
Mit deinen Gedanken Verstecken spielen
und mit Pfeilen auf alle Traurigkeiten zielen.
So bin ich ein Teil von dir
und es ergibt sich daraus ein Wir.

SIEBTER SINN

Mein siebter Sinn, mein Bauchgefühl,
die Vorahnung für mein Kalkül.
Mein Instinkt, der nach Verrücktheit ruft
und die Vernunft teuflisch verflucht.
Mein Spürsinn, meine innere Stimme,
die mir immer sagt, wie ich gewinne.
So lob ich meine Intuition,
wenn mein Bauch ahnt, das Herz weiß alles schon.

SEHNSUCHT

Die Sehnsucht lebt im Herzen und tanzt im Bauch,
sie lacht im Kopf,
und im Dunkel der Nacht sie ihre Gedichte schreibt,
auf dass die Hoffnung bleibt
und ihr die Zeit des Wartens vertreibt.
So ist die Sehnsucht immer da
und meiner Seele so nah,
denn ohne Sehnsucht wäre ich nicht wahr.
Ich hoffe, sie macht sich niemals rar.

SEELENTREUE

Ich will mir treu sein,
will nicht mehr scheu sein,
alles soll neu sein.
Will endlich leben,
mich vor nichts mehr ergeben.

INTUITION IN MIR

Intuition, die leise Stimme in uns,
die uns führt, wenn alles andere uns verwirrt.
Sie spricht in Bildern zu mir,
ganz ohne Gier.
Sie schleicht sich in mein Empfinden,
will sich mit Bauch und Herz verbinden.
Sie ist der innere Funke, der in mir glüht
und immer weitere Funken sprüht.
Intuition bringt mich nie vom Weg ab,
so macht mein innerer Kompass nicht schlapp.

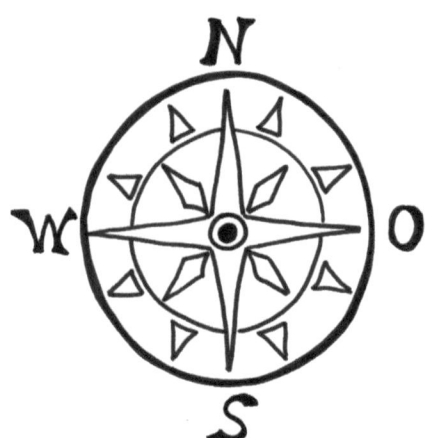

WAS BIN ICH?

Was bin ich?

Ein Herz,

ein Atem,

eine leere Hülle?

Und doch voller Gefühle?

Was ist der Grund, der sich zu leben und lieben lohnt?

Was muss ich ertragen, wovon werd ich verschont?

Wie weit werde ich kommen

und wie lang muss ich dafür gehen?

Werde ich am Ende mein Ziel verstehen?

Wer bin ich

und wer hat mich gemacht?

Und was in mir ist das, was am Ende noch lacht?

GEDULD

Was mir fehlt, das ist Geduld.
In mir drin die Unruhe wohnt
und mein „nicht abwarten können"
mit Bonbons belohnt.
So gibt es mein „verwackelt sein"
mit meinem „nicht ganz bei mir sein".
Denn nur so kommt auch keine Langeweile rein
und meine Seele fühlt sich in mir daheim.

ERKENNTNISSE DES ERSTEN STREICHS ...

LEBEN in Deinem Herzen noch genügend Hummeln, um Deinen Bauch mit einem Brausegefühl zu überraschen?

Notiere die Namen Deiner Gefühlshummeln hier, dann gehören sie zu Dir!

. . . .
. . . .
. . . .
. . . .
. . . .
. . . .
. . . .
. . . .
. . . .
. . . .
. . . .
. . . .
. . . .
. . . .
. . . .
. . . .
. . . .
. . . .
. . . .
. . . .

. . . .
. . . .
. . . .
. . . .
. . . .
. . . .
. . . .
. . . .
. . . .
. . . .
. . . .
. . . .
. . . .
. . . .
. . . .
. . . .
. . . .
. . . .
. . . .
. . . .
. . . .
. . . .
. . . .
. . . .

ZWEITER STREICH ...

Die Gefühle der Seele lassen unsere Intuition zu unserem siebten Sinn werden.

LASS ALLE DEINE GEFÜHLE RAUS, SO BEWAHRST DU DEIN HERZ VORM AUS UND DEINE WÜNSCHE KOMMEN GANZ GROSS RAUS.

Der **Wirbelwind meiner Gefühle** ist **ADHS der Geduld,** so liegen **Angst und Freude** im **Licht der Nacht** sehr nahe zusammen und sehnen sich nach dem **Himmelblau.**

Das **Gefühl in mir** will eigentlich nur eine **Freude** werden und die **Wolke der Traurigkeit** gefährden. Damit bei **So viel Gefühl** die **Wärme der Dankbarkeit** einziehen kann und die **Handykontrolle** alles verliert.

WIRBELWIND
MEINER GEFÜHLE

Meine wundervolle Verrücktheit,
mein tanzender Wirbelwind,
der alles mitnimmt.
Mein Feuerwerk in der Nacht,
von dem wirklich jeder aufwacht,
wenn es am Himmel explodiert
und die Erde still vibriert.
Meine Frechheit, meine Kreativität,
nie ist es für ein neues Abenteuer zu spät,
alles zu riskieren,
um sich neu zu inspirieren.
So lasst uns verrückt sein und im Strom des Lebens treiben,
dann wird der Mut immer bei uns bleiben.

41

ADHS DER GEDULD

Geduld zu haben, ist für mich das schwierigste Gefühl von allen,
denn nur als Wort bringt es schon meine Ungeduld ins Wallen.
Geduld, nur ein Gefühl von vielen,
doch sie zu erreichen, gehört zu meinen größten Zielen.
So lasst uns noch eine Runde das Spiel des Lebens spielen,
vielleicht kann ich so eine Portion Geduld für meine Seele erzielen.

ANGST UND FREUDE

Angst und Freude, wie Feuer und Eis.
Sie scheinen sich zu widersprechen,
doch sie vereinen sich leis.
Ein Gefühl, das uns quält, und eins, das uns hält,
bevor auf der Welt alles zerfällt.
Eine Schattenseite, die uns bedrückt,
eine Sonnenseite, die uns beglückt.
So sind Angst und Freude eigentlich Freunde.
Freude zeigt uns, was wichtig ist,
Angst das, was nichtig ist.
Angst und Freude sind nicht Gegner,
sie sind mehr wie stille Redner.
Dadurch gehören sie im Leben dazu,
dass ist ja grad der Clou.

LICHT IN DER NACHT

Freude im Herzen
ist mein Licht in der Nacht,
wenn das Glück über meine Seele wacht.
Es bringt mich zum Leuchten, zum Lachen und Tanzen,
erfüllt mich im Ganzen.
So ist die Freude mein Schatz, den ich hüte,
weil mein Leben sich darum bemühte.
Es ist das, was mir hilft, alle Wunden zu kühlen,
damit man kann die Lebensfreude fühlen.
So trägt mich die Freude durch die Zeit
und ist immer für einen Spaß bereit.

HIMMELBLAU

Kopfstand vor Glück,
ich bin ganz verzückt.
Die Sonne scheint hell,
alle Wunder kommen schnell.
Der Himmel ist blau,
wenn ich nach oben schau.
Das Glück ist jetzt da,
es ist greifbar und nah.
Die Welt dreht sich bunt,
alles wird von selbst rund.
Lasst uns die Welt auf den Kopf stellen
und genießen die Wellen der Glückseligkeit,
wenn sie sich machen für uns bereit.

GEFÜHL IN MIR

Da gibt es dieses Gefühl in mir,
eine Empfindung, eine Ahnung
und immer ohne Warnung.
Da gibt es dieses Gespür, das meine Intuition berührt
und so meine Emotionen schürt.
Da gibt es diese Sinnlichkeit,
die stets ist für Schokolade bereit.
Da gibt es dieses endlose Verstehen
für ein stetiges Weitergehen.
Da gibt es diese Idee, die man Wahrnehmung nennt
und die in meinem Herzen brennt.
Da gibt es diese Unendlichkeit,
die stets ist für meinen siebten Sinn bereit.

GROSSE FREUDE

Das Gefühl ist eine Kunst,
die man braucht für des Lebens Gunst.
So erfühle alle Emotionen, die da in deiner Seele wohnen.
Halt sie fest, lass sie nicht los,
so ziehst du deine Freude groß.

49

WOLKE DER TRAURIGKEIT

Traurigkeit, die Wolke in mir,
die sich vor meine Lebenssonne schiebt,
meiner Fröhlichkeit Dieb.
Sie verdunkelt mein Herz und bereitet mir Schmerz.
Sie lacht mich stumm aus
und lässt mich nicht raus.
Sie hält die Welt von mir fern
und hat mich nicht gern.
Sie lässt mich viel weinen,
ohne es gut mit mir zu meinen.
Doch sie ist ein Signal
und so nehm ich sie wahr,
meine ganze Energie zu entfachen,
wieder leise zu lachen,
über mich selbst zu wachen,
zu besiegen den Drachen,
der sich Traurigkeit nennt
und von dem sich jeder besser trennt!

50

SO VIEL GEFÜHL

Gefühle prickeln,
Gefühle kitzeln,
Gefühle beißen,
Gefühle entgleisen.
Gefühle sind einfach da,
eine riesengroße Schar.
Wollen erfahren und gelebt werden,
sich entwickeln hier auf Erden.
Wollen raus aus deinem Herzen,
sonst werden sie dort schmerzen.
So lass die Gefühle in die Welt,
damit die beginnende Eiszeit der Menschen zerfällt.

WÄRME DER DANKBARKEIT

Dankbarkeit ist eine Wahl, die ich jeden Tag neu treff.
Denn so bin ich mein eigener Chef.
Sie ist mein Licht und hält mich warm,
so vergeht mein innerer Gram.
Sie öffnet mir die Augen für alles Schöne,
damit ich mich mit der Freude des Lebens versöhne.
Ich such sie in den kleinen Dingen,
so wird sie mir viel Vergnügen bringen
und in meiner Stimme schwingen.

HANDYKONTROLLE

Ich will nicht mehr, dass mein Handy mich kontrolliert
und die Ruhe meiner Seele stört.
Ich will ohne Druck frei sein,
endlich ganz dabei sein,
das Gefühl soll wieder mein sein.
Nichts soll über mich wachen,
brauche keinen Handydrachen,
der mit neuen Nachrichten sprüht,
so bis alles in mir glüht.
Ich will das alte Gefühl zurück,
von einem Telefonwählscheibenglück.

ERKENNTNISSE DES ZWEITEN STREICHS ...

KANN der Wirbelwind Deiner Gefühle alles Negative vertreiben, so dass nur wundervolle Gefühle und Träume bleiben?
Schreibe alle Traurigkeiten hier nieder, dann kommen sie nie mehr wieder!

. . . .
. . . .
. . . .
. . . .
. . . .
. . . .
. . . .
. . . .
. . . .
. . . .
. . . .
. . . .
. . . .
. . . .
. . . .
. . . .
. . . .
. . . .
. . . .
. . . .

DRITTER STREICH ...

Der Wirbelsturm Deiner Gefühle wird Dir im Leben immer den richtigen Weg zeigen, wenn Du Deiner Seele treu bist.

HÖR IMMER AUF DEIN HERZ, DAMIT DU NIE VERGISST, WER DU WIRKLICH BIST!

Im **Abgrund der Geheimnisse**, da gibt es **Wutmut, Ärger** und **Apfelkuchen**.

Dort, wo der **Preis der Freiheit** im **Schatten der Scham** liegt, können **Verhaltenskreative** mit **Unvernunft** all ihre **Probleme beenden**, so dass **Millionen von Emotionen** die **Dunkelheit der Wut** durchdringen und das **Gift der Eifersucht** vergeht.

ABGRUND DER GEHEIMNISSE

Meine Seele ist ein Abgrund voller Geheimnisse.
Eine perfekte Filmkulisse für die Funken aller meiner Träume,
für immer neue Räume der Leidenschaft.
Ein Wirbelsturm voller Gedanken,
durch ihr Sein komme ich nicht ins Wanken.
So ist sie die Musik in mir,
und genau für diese Musik bin ich hier.

WUTMUT

Aus Wut mach Mut, mit ihm wird alles gut.
Versuch die Welt in dir zu zähmen
und bürste sie niemals auf Krawall,
denn das bringt nur die Freude zu Fall.
Drum bleib am Ball und dreh das W
und so versteh,
dass, wenn es erst mal umgedreht,
die Wut wie ganz von selbst vergeht.
Denn das M macht aus der Wut
einfach eine Portion Mut.

ÄRGER

Der Ärger in mir,
ein tiefes inneres Tier.
Er ist wie ein Orkan
und fängt ständig ein neues Theater an.
Er killt die Freude,
erheitert die Wut
und tut meiner Seele nicht gut.
Er hält meine Gedanken am Fliegen
und will alles Schöne besiegen.
Doch zum Schluss hab ich die Wahl,
kann mich befreien von der Qual.
Ich lass ihn los,
auch wenn ich weiß,
es hat einen hohen Preis.

APFELKUCHEN

Frieden für die Welt ist ein Stück Apfelkuchen.
Mit dem vom Noordermarkt in Amsterdam sollte mans versuchen.
Keiner würde mehr den anderen verfluchen,
sondern einen Tisch im Winkel buchen.
So ist der Frieden in der Welt,
wenn jeder ein Stück Apfelkuchen in den Händen hält.

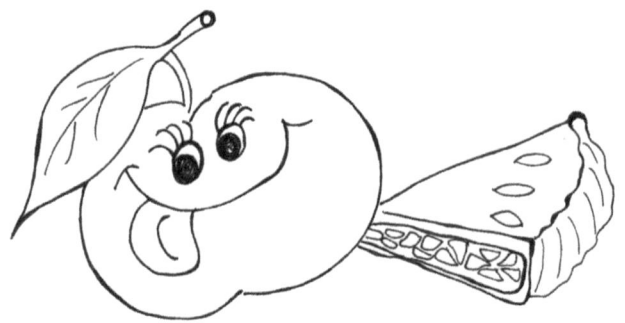

PREIS DER FREIHEIT

Sich einfach auf sich selbst verlassen
und den Bauch mal machen lassen.
Dem Herz vertrauen, auf Gerechtigkeit bauen.
Das kann die Seele, wenn sie weiß,
die Freiheit ist der große Preis.

SCHATTEN DER SCHAM

Scham, du dunkler Schatten meiner eigenen Peinlichkeit,
der mich tief von innen treibt.
Scham, du schwerer, harter Stein,
lass doch bitte meine Seele wieder allein.
Scham, du brennendes Feuer in mir,
hast den gleichen Geschmack wie deine Schwester, die Gier!
Oh Scham, lass endlich von mir ab,
du hältst meine Negativität auf Trab.
Du bist nicht die Wahrheit,
du bist nur Illusion,
ich brauche nicht deinen Hohn.
Ich lass dich gehen,
so lerne ich mich wieder selbst verstehen.
Dann bin ich nicht mehr von mir getrennt,
wenn meine Seele wieder ihren eigenen Namen kennt.

VERHALTENSKREATIVE

Es sind die Verhaltenskreativen,
die niemals ohne ihre Gefühle schliefen.
Es sind die ständigen Träumer,
niemals ein Wunder Versäumer.
Die nach Freude Ausschauhalter
und mit Fröhlichkeit das Sein Verwalter.
Es sind die Positivdenker,
in die richtige Richtung Lenker.
Es sind die verrückten Köpfe unter uns,
die, ewig Kind geblieben,
lassen sich von nichts besiegen,
werden sich nie nach den Regeln biegen,
so lehren sie ihre Seele das Fliegen!

UNVERNUNFT

Unvernunft, mein Wirbelsturm,
Unvernunft, mein Feuer.
Mein liebenswürdiges Ungeheuer.
Unvernunft, ich lass dich siegen,
damit meine Gedanken verrückte Wünsche kriegen.
Unvernunft, ich bin froh, dass es dich gibt,
denn nur so hat mein Herz sich in alles Schöne verliebt.

PROBLEME BEENDEN

Ich bin frei mit all meinen Emotionen,
die in mir wohnen.
Ich darf meine Zeit verschwenden,
mich der Sonne zuwenden
und alle Probleme beenden.
So lernt meine Seele fliegen
und kann alle Traurigkeit besiegen.

MILLIONEN VON EMOTIONEN

Eine Verknüpfung von Sinnen,
die durch den ganzen Körper spinnen.
Millionen von Emotionen,
werden sie sich lohnen?
Schmetterlinge im Bauch
und vor den Augen Rauch.
Fröhlichkeit in meinem Sinn,
so viel Gefühle in mir drin.
Im Kopf eine Melodie,
für des Lebens Sinfonie.
Ein Geschmack von Leidenschaft,
der die Sehnsucht erschafft.
So dürfen all meine Gefühle raus,
wenn meine Seele ist zu Haus.

DUNKELHEIT DER WUT

Wut, ein Schmerz, der uns verzehrt,
der in unseren Adern gärt.
Wut, eine Enttäuschung, die uns ausfüllt
und alles Lachen aus dem Körper spült.
Wut und Hass, wie es die Seele zerfrisst,
so dass man einfach alles vergisst.
Eine Dunkelheit, die in uns lebt
und von innen alles verklebt.
Wut, sie trennt uns von allem, was uns wichtig ist,
bis die Seele sich selbst nichtig ist.

GIFT DER EIFERSUCHT

Eifersucht, ein inneres Gift,
das wie eine Schlange zischt.
Es fließt durch unsere Adern
und bringt die Liebe ins Hadern.
Es raubt uns unseren Wert
und alles läuft verkehrt.
Vernebelt unseren Sinn,
lässt kein gutes Gefühl mehr in uns drin.
Eifersucht, du Räuber unserer Liebe
mit der List aller Meisterdiebe.
Unser Vertrauen einfach so zu klauen,
doch ich lass mir meine schönen Gefühle von dir nicht versauen,
denn ich will lieber vertrauen.

ERKENNTNISSE DES DRITTEN STREICHS ...

Es gibt Millionen von Emotionen in Dir, und um sie zu erleben, bist Du hier. Erfasse hier nun alle Gefühle Deiner Seele, damit Dir keine Träume fehlen.

. . . .
. . . .
. . . .
. . . .
. . . .
. . . .
. . . .
. . . .
. . . .
. . . .
. . . .
. . . .
. . . .
. . . .
. . . .
. . . .
. . . .
. . . .
. . . .
. . . .
. . . .
. . . .
. . . .

73

74

VIERTER STREICH ...

Lass auch immer Deinen negativen Gefühlen im Leben genügend Platz,
denn hast Du sie einmal richtig wahrgenommen, kannst Du mit ihrer Hilfe
die Kraft entwickeln, alles ins Positive für Dich zu wenden.

NEGATIVITÄT HAT IHREN SINN, DENN MIT DEM
SCHWINDEN DER LEIDENSBEREITSCHAFT KRIEGST DU
ALLES POSITIVE HIN!

Was wäre ..., wenn der **Überraschungsblitz** die **Wellen der Gefühle**
mit einem **Atemhauch** in pure **Vorfreude** für das **Bauchgefühl**
verwandeln würde?

So könnten **Meine Emotionen Mein Leben** mit der
Melodie der Liebe in ein **Gefühl von Frieden** verwandeln, so dass
Am Ende ... die **Dummheit der Welt** besiegt wäre.

WAS WÄRE ...

Was wäre ich ohne mein Herz?
Was wäre ich ohne meinen Bauch?
Was wäre ich ohne meiner Seele Hauch?
Einfach eine leere Hülle, ohne Liebe und Gefühle,
ohne Sehnsucht und Scharmützel,
ohne Freud und ohne Sinn,
einfach nur im Leben drin.
Deshalb vertrau ich meiner Intuition,
denn sie wusste es immer schon,
dass man besser auf die eigene Seele hört
und sich nicht an den anderen stört!

ÜBERRASCHUNGSBLITZ

Überraschungen kommen aus dem Nichts,
sie sind wie ein Blitz, der alles verändert.
Sie bringen uns Freude und erwecken das Glück,
so kommt alles Schöne zu uns zurück.
Sie schenken uns Abenteuer und vertreiben alle Ungeheuer.
Lasst uns offen sein für sie, denn sie sind die Antwort auf die Frage
nach dem großen WIE!

WELLEN DER GEFÜHLE

Gefühle sind wie Wellen,
sie kommen und gehen,
man kann sie nicht verstehen.
Sie sind mal hoch, mal tief,
mal stark, mal schwach.
Sie machen mich glücklich, traurig und wütend zugleich.
Und manchmal machen sie mein Gesicht ganz bleich.
Gefühle sind wie ein Feuer, das brennt
und den Namen der eigenen Seele kennt.
Der Kompass ganz tief in meinem Innersten drin,
dort, wo er herkommt, der Lebenssinn.

ATEMHAUCH

Ich will bei mir sein,
in mir daheim,
mit meiner Seele lachen
und in ihr ein Feuer entfachen.
Will das Glück schmecken
und die Träume beim Fliegen hörn,
dabei lass ich mich nicht störn,
bis sie mir gehörn.
So fühle ich die Fröhlichkeit in meinem Bauch
und meines Atems Hauch.

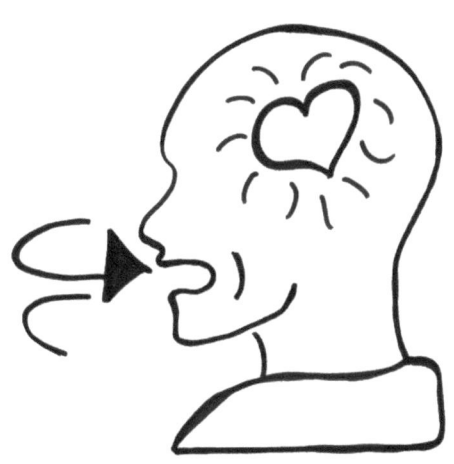

VORFREUDE

Vorfreude ist die schönste Freude.
Sie gehört ins HIER und HEUTE.
So ist sie meiner Seele Beute.
Versuch ich sie doch stets zu fangen,
denn so muss ich vor nichts bangen,
ist mein Blick doch voll mit Vorfreude verhangen.

BAUCHGEFÜHL

Unruhe im Bauch und schmerzen tuts auch,
das Gefühl, das die Geduld nicht kennt
und sich ständig in sich selbst verrennt.
So siegt die Konzentrationslosigkeit
und negative Erfahrung macht sich breit.
Lass sie nicht den Kampf gewinnen,
hilf deinen Gefühlen, sich auf etwas Positives zu besinnen,
dann wirst du den Kampf gegen die Traurigkeit gewinnen.

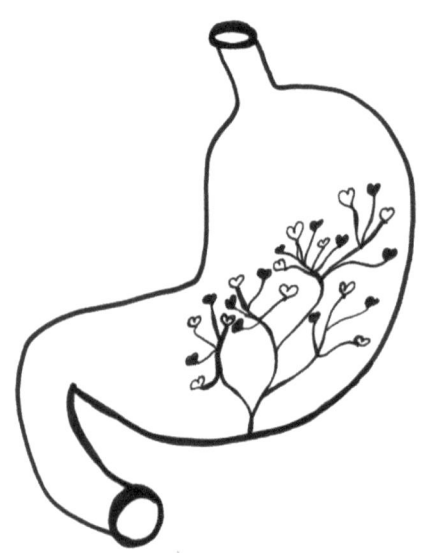

MEINE EMOTIONEN

Wer flüstert mir in meinen Träumen zu?
Wer führt mich durch die Dunkelheit,
wer ist immer zu allem bereit?
Wer schenkt mir die Hoffnung
und wer das Vertrauen?
Auf wen werde ich am Ende bauen?
Wer hält mich aufrecht und wer gibt mir Kraft?
Und wer hat am Ende für mich alles geschafft?
Es sind die Emotionen, die tief in meinem Inneren wohnen.

MEIN LEBEN

Ich hab mich noch nie betrogen gefühlt,
denn ich hab mein Leben noch nie für die anderen gelebt.
Spür den Wind in mir,
weiß, dafür bin ich hier,
dass ich mich niemals selbst verlier.

MELODIE DER LIEBE

Liebe ist wie eine Melodie,
die mein Herz erfüllt und
jeden meiner Wünsche stillt!
Liebe ist wie ein Wunder,
das in der Seele brennt und nur einen Namen kennt.
Liebe ist alles und noch viel mehr,
darum brauchen wir Menschen sie so sehr.

GEFÜHL VON FRIEDEN

Das Gefühl von Frieden,
ein Lachen, das die Welt erhellt,
und das alles ohne Geld.
Eine sanfte Brise Wind,
wie ein lachendes, fröhliches Kind.
Ein Gefühl, das für Ruhe im Kampf des Herzens sorgt
und uns alle Zuversicht borgt.
So können wir uns von aller Dunkelheit befreien,
um endlich wieder froh zu sein.
Innerer Frieden, ein Gefühl von tiefer Gelassenheit,
stets für eine neue Hoffnung bereit,
damit endlich das kleine Herz nicht mehr schreit!

AM ENDE ...

Wen kann man alles fragen?

Wer wird einem alles sagen?

Muss man es dann verstehen oder kann man einfach gehen?

Wie werde ich am Ende mein Leben finden

oder werde ich mich nur in Fragen winden?

Werde ich es schaffen, mir selbst treu zu sein?

Um ständig irgendwie neu zu sein?

Wie soll mein Abenteuer Leben heißen?

Oder wird die Geschichte mich am Ende zerreißen?

So stell ich mir Fragen über Fragen ...

Ach, was soll's, ich werd's einfach wagen!

DUMMHEIT DER WELT

Heute nicht nach morgen fragen
und im Leben nie verzagen.
Sich immer an ein Lachen wagen
und alle Dummheit der Welt ertragen.
So wird man stets die Fröhlichkeit jagen
und die Traurigkeit vertagen,
wenn keine Sorgen das Gemüt je plagen.

ERKENNTNISSE DES VIERTEN STREICHS ...

WIE heißt der Überraschungsblitz, der in Deinem Innern dafür sorgen kann, dass all Deine Emotionen sich nach Frieden und Harmonie anfühlen?

Schreib alle von Dir gewünschten Verwunderungen hier nieder, dann kommen die guten Gefühle immer wieder!

. . . .
. . . .
. . . .
. . . .
. . . .
. . . .
. . . .
. . . .
. . . .
. . . .
. . . .
. . . .
. . . .
. . . .
. . . .
. . . .
. . . .
. . . .

SCHLUSSHOFFNUNG

Ich hoffe,
dieses Büchlein konnte Dich ein Stück näher zu
Deinen eigenen Gefühlen bringen
und Dir dabei helfen,
Deine Intuition zu entdecken,
so dass Du von nun an Deine Gefühle immer
verstehen und ausdrücken kannst.
Denn immer dann,
wenn wir auf der Reise unseres Lebens
unsere Emotionen verstehen,
werden wir unserem Herzen
und unserer Seele ein Stück näherkommen.
Bis bald an dem Ort,
wo die Magie lebt!

Wundertütenpoet